PNL pour débutants

Une psychologie simple, des techniques de manipulation et le bon langage corporel pour réussir pas à pas

Boris Lehmann

CONTENU

Préface

Vous voulez apprendre à manipuler efficacement les autres ? Ce livre a pour but de vous conseiller, de vous guider et de vous accompagner dans cette démarche. Souvent, les gens pensent que manipuler les autres est une mauvaise chose. Ce n'est pas forcément le cas. Réfléchissez d'abord à la question de savoir si vous voulez forcer la personne à faire quelque chose qui n'est pas bon pour elle.

Si vous pouvez répondre par la négative à cette question, qu'est-ce qui vous empêche d'utiliser des techniques de manipulation ? Nous manipulons tous inconsciemment et en permanence d'autres personnes et sommes également manipulés inconsciemment par d'autres. Les personnes qui savent manipuler ont simplement appris à le faire consciemment. Souvent, cela nous permet même de prendre en compte ce que l'autre veut. Les techniques de manipulation peuvent donc vous aider à avoir des relations plus éthiques avec les autres.

Dans ce livre, contrairement à certains autres guides sur ce sujet, nous nous intéresserons principalement à la vision et aux techniques de ce que l'on appelle la PNL. Vous apprendrez progressivement ce que c'est et comment l'utiliser tout au long de ce livre. L'argument en faveur de cette approche est que la PNL est considérée comme une bonne méthode, éprouvée et subtile, pour manipuler les autres. L'autre a plus de mal à reconnaître qu'il a été manipulé qu'avec certaines autres techniques. Dans cette optique, je vous souhaite une bonne lecture de ce livre !

Qu'est-ce que la PNL ?

NLP est une abréviation qui signifie "programmation neurolinguistique". Ce terme ne vous évoque peut-être pas grand-chose. Voyons d'abord quelles sont les parties qui composent ce mot. Vous pourrez ainsi comprendre de quoi il s'agit.

Le **N** signifie "neuro". Vous connaissez peut-être ce terme dans le domaine de la neurologie - la science médicale du système nerveux humain. Plus généralement, le sigle "neuro" est utilisé pour introduire de nombreux termes relatifs au système nerveux ou à la psyché. Dans le cas de la PNL, le N signifie que cette méthode vise à obtenir des changements à long terme dans la psyché d'une personne, qui peuvent être en partie expliqués par des processus biologiques ou nerveux.

Le **L** signifie "linguistique". La linguistique est la science générale du langage. La PNL utilise de plus en plus les techniques de conversation de la communication verbale et non verbale pour influencer les autres.

Le **P** de la PNL est particulièrement intéressant : il signifie "programmer". Vous associez peut-être moins ce terme aux personnes qu'aux ordinateurs et autres technologies. La PNL s'appuie sur le principe psychologique selon lequel les personnes peuvent être "programmées" par une autre personne. De la même manière qu'un ordinateur peut être amené à faire certaines choses grâce à un programme approprié, il peut en être de même pour les personnes.

En résumé, la PNL est une méthode visant à amener les gens à modifier leur comportement par des techniques de communication. La PNL est principalement issue d'approches psychothérapeutiques récentes et est utilisée par de nombreux thérapeutes dans le traitement de personnes souffrant de troubles psychiques. La PNL est facile à apprendre et peut donc être utilisée par des non-spécialistes. Grâce à la PNL, vous pouvez apprendre à pénétrer dans l'inconscient d'autres personnes et à les "contrôler". Bien sûr, il y a des limites. Vous ne devez pas vous attendre à pouvoir prendre le contrôle total des autres grâce à la PNL. Néanmoins, vous serez surpris de voir tout ce qu'il est possible de faire avec la PNL !

L'HISTOIRE DE L'ÉMERGENCE DE LA PNL

Pour comprendre comment cette méthode plutôt inhabituelle a vu le jour, il convient de s'intéresser à ses concepteurs et à l'histoire de la recherche derrière cette technique. Même si vous souhaitez peut-être passer le plus rapidement possible à la mise en pratique : Prenez le temps de comprendre la colonne vertébrale théorique de la PNL, vous pourrez alors plus facilement appliquer les méthodes décrites et comprendre réellement ce que vous faites lorsque vous utilisez la PNL au quotidien. La PNL est une discipline récente, qui n'a été développée que dans les années 1970. Dans les années 1960, un mouvement appelé Human Potential Movement a vu le jour aux États-Unis. Celui-ci partait du principe qu'un grand potentiel inexploité sommeillait en chaque être humain et que le développer permettrait non seulement d'améliorer la qualité de vie, mais aussi de gagner en sérénité et en force émotionnelle, promettant ainsi une vie plus épanouie.

Les impressions qu'une personne accumule au cours de sa vie, ses expériences et la manière dont elle les perçoit, tout cela détermine la formation de son caractère, définit une personne et peut lui imposer des limites. Pour surmonter ses propres limites - l'une des conditions les plus importantes pour atteindre les objectifs de la PNL - il est essentiel de mieux comprendre ce que beaucoup ignorent tout au long de leur vie : leur propre inconscient. Cette partie de notre esprit à laquelle nous n'avons pas accès activement, mais qui joue un rôle important dans la perception et le traitement des expériences.

Pour comprendre comment la combinaison de la psychologie, de la linguistique et de l'idée de programmer les gens a vu le jour, il suffit de se pencher sur les fondateurs. La PNL a été développée par deux hommes qui, au départ, semblaient assez différents : John Grinder, alors âgé de près de 40 ans, était professeur à l'université de Californie à Santa Cruz.

Grinder est linguiste de formation et a étudié et fait des recherches à l'université de Santa Cruz à l'époque.

A cette époque, Richard Bandler, de dix ans son cadet, étudiait dans cette même université une combinaison particulière de disciplines : mathématiques, sciences de l'information et psychologie. A l'origine, Grinder supervisait une thérapie de groupe que Bandler menait avec des malades mentaux dans le cadre de ses études. Mais les deux hommes se sont bien entendus et ont rapidement réalisé qu'ils s'intéressaient tous deux aux processus de communication dans les cadres thérapeutiques. Ils ont donc commencé à étudier ensemble la communication dans le groupe thérapeutique de Bandler. Ils ont progressivement mis en évidence différents principes de communication qui semblaient fonctionner dans le groupe. Ils étaient particulièrement intéressés par la question de savoir quels facteurs de communication étaient nécessaires pour qu'un patient puisse mener à bien sa thérapie. Ils ont rassemblé leurs observations et les ont utilisées pour formuler des techniques thérapeutiques et de communication concrètes.

C'est ainsi qu'est née la première version de la PNL, à laquelle Bandler s'est entièrement consacré à la fin de ses études. Plus tard, Grinder et Bandler ont complété leurs recherches par un autre aspect, appelé la modélisation. Pour ce faire, ils ont pris pour modèles des personnes qui, en tant que thérapeutes, étaient considérées comme particulièrement performantes et profilées dans leurs domaines respectifs. Ils ont ensuite essayé de découvrir ce que ces personnes faisaient différemment de leurs contemporains moins performants. C'est ainsi qu'ils ont découvert de plus en plus de principes qui ont aujourd'hui été intégrés dans la PNL.

Bien que Grinder et Bandler aient tenté d'établir la PNL en tant que sujet de recherche scientifique à partir des années 1980, ils n'y sont parvenus que partiellement. Les écoles académiques estiment généralement que la PNL ne remplit pas les critères d'un domaine de recherche autonome. Cela est peut-être dû au fait que la PNL combine différentes approches et concepts psychothérapeutiques. Tous ces concepts n'ont pas pu démontrer un effet thérapeutique dans des études universitaires. Mais pour réussir à manipuler avec la PNL, vous ne devriez pas vous soucier de ce fait ! En raison du manque de volonté du monde universitaire de considérer la PNL comme une forme de thérapie sérieuse, la PNL a fait son entrée dans le domaine du coaching.

Par exemple, vous n'êtes pas satisfait de votre corps, vous voulez y remédier et vous vous inscrivez dans une salle de sport. Les trois premiers mois, vous vous entraînez de manière intensive et euphorique, vous changez de régime alimentaire et soudain, vous tombez dans un trou profond, vous arrêtez l'entraînement et vous êtes juste frustré de ne pas avoir persévéré.

Que s'est-il passé ? Vous avez perdu confiance en vous à ce moment précis. C'est à ce moment-là que la PNL peut vous aider. Une bonne attitude permet d'atteindre tous les objectifs que vous vous fixez. Il vous suffit de vous concentrer sur vos propres objectifs, d'ouvrir la voie et de travailler pour les atteindre. Chaque personne a des éléments différents pour se motiver. Pour trouver ces points de motivation, vous pouvez par exemple en parler à des proches ou, dans ce cas, à votre personal trainer.

Si vous souhaitez obtenir le corps de vos rêves avec des muscles définis grâce à un entraînement intensif, vous devez avoir une idée précise de l'apparence de votre corps bien entraîné. Quel poids souhaitez-vous peser sur la balance ? Quel doit être le degré de visibilité de la musculature ? À quelle date souhaitez-vous atteindre votre objectif ? Fixez-vous une date limite. Pour réaliser vos objectifs et vos souhaits, vous devez les étudier et les visualiser, car c'est la seule façon de persévérer sur le chemin de votre objectif.

Chaque jour, 60 000 à 80 000 pensées traversent l'esprit des gens. Parmi ces pensées, une grande partie est négative, même si vous n'en êtes pas conscient. Et elles parviennent à vous faire vous sentir mal. Réfléchissez à la question de savoir si les événements et les situations qui vous entourent provoquent de la tristesse, de la colère, de la peur ou de la nervosité ? La réponse est clairement non. Pourquoi ? Eh bien, votre façon de penser et de juger qui se met en place par rapport à cette constellation particulière a un pouvoir immense. S'ils sont négatifs, ils représentent un lourd fardeau. En effet, une même situation de départ peut être interprétée de manières très différentes. Ce n'est donc pas la situation elle-même qui provoque ces sentiments, mais votre évaluation.

Un petit exemple : un ami annule son rendez-vous avec vous. Maintenant, vous pouvez penser que votre ami a annulé parce qu'il ne s'intéresse pas autant à vous. Avec cette pensée, vous vous sentez seul et triste. Mais si vous pensez que votre ami n'a pas le temps parce qu'il a peut-être oublié un rendez-vous important et qu'il est lui-même triste de devoir annuler, vous ne devez pas ressentir de tristesse. Vous pouvez simplement attendre le prochain rendez-vous avec impatience.

"Ce ne sont pas les choses qui nous font souffrir, mais la façon dont nous les percevons". Épictète

LES 11 PILIERS DE LA PNL

1. Chaque personne vit à sa manière particulière et individuelle. Cela signifie également qu'il perçoit le monde d'une manière particulière et unique.

2. Notre esprit, notre corps et notre environnement sont en constante interaction. Vos actions peuvent influencer votre façon de penser. Vos pensées peuvent également avoir un impact sur vos sensations.

3. Notre silence est également une forme de communication. La réaction de notre interlocuteur montre l'importance de la communication.

4. Les expériences individuelles façonnent chaque personne et lui confèrent une réalité qui lui est propre et en fonction de laquelle elle agit.

5. Offrez à votre interlocuteur plusieurs choix ou options d'action, car cela augmente les chances d'atteindre l'objectif souhaité.

6. Chaque personne fait le meilleur choix pour elle-même en fonction des possibilités qui existent dans sa réalité. Cela signifie également qu'il se comporte toujours de la meilleure manière possible dans le cadre de ses possibilités.

7. Les comportements d'une personne ont toujours un sens dans sa perception du monde et sont la conséquence d'une intention positive. Quel que soit le comportement de l'individu, ses actions lui sont toujours bénéfiques.

8. Les possibilités/conditions nécessaires au changement résident dans chaque personne elle-même.

9. Tout le monde a la capacité d'apprendre de nouvelles choses et de changer les comportements habituels.

10. Il n'y a pas d'échec, seulement du feedback. Vous n'avez pas réussi ? Essayez une autre méthode.

11. La flexibilité est la clé du succès.

HYPOTHÈSES DE BASE DE LA PNL

Maintenant que vous savez à peu près d'où vient la PNL et comment elle est née, intéressons-nous davantage aux fondements théoriques de la méthode. Il n'est pas nécessaire que vous compreniez tous les détails du squelette théorique de la PNL. Néanmoins, il est bon que vous soyez familier avec les notions et les concepts de base. Vous pourrez ainsi mieux comprendre par la suite comment les différentes techniques fonctionnent. De plus, vous comprendrez comment fonctionne la psyché humaine dans ses fondements. Pour réussir à manipuler, ces connaissances sont très utiles, voire obligatoires, car on peut être le meilleur utilisateur de techniques de manipulation, mais manipuler les autres suppose une grande flexibilité personnelle. Cela exige une adaptation constante aux situations et aux processus de communication en cours. Les bons manipulateurs sont avant tout des maîtres de la situation.

En principe, la PNL considère que la perception subjective d'une personne est plus importante que la vérité objective. Pour une personne, il n'existe qu'une seule vérité subjective. Comme nous sommes limités à nos cinq sens quand il s'agit de percevoir le monde, nous ne pouvons pas savoir ce qui est objectivement vrai. Nous nous appuyons donc sur nos hypothèses internes pour savoir ce qui est vrai.

Les cinq sens sont donc considérés comme très importants : ils sont la principale horloge de nos vérités intérieures. Dans une certaine mesure, nous sommes capables de reconnaître nos vérités intérieures comme étant fausses, mais cette capacité est très limitée. C'est pourquoi, lorsque vous programmez une personne en neurolinguistique, vous essayez de pénétrer dans son for intérieur jusqu'à ce que sa vérité subjective actuelle soit effectivement remplacée par une nouvelle vérité subjective. Comme vous pouvez le constater : Cette méthode peut être extrêmement puissante et changer les gens dans une certaine direction à long terme !

La PNL part du principe que chacun des cinq sens représente un canal de communication distinct auquel nous pouvons nous adresser : Il s'agit des cinq canaux sensoriels, les PNL parlant de **VAKOG**. **V** signifie visuel, **A** signifie auditif, **K** signifie kinesthésique, **O** signifie olfactif et **G** signifie gustatif.

Toutes les expériences sont perçues par ces canaux et traitées et stockées par les appareils correspondants, appelés systèmes de représentation, dans le cerveau. Toutes les expériences, les souvenirs et votre expérience actuelle passent par ces canaux et y sont traités. Vous les vivez et les stockez sous forme de combinaisons d'images, de sons, de sensations, d'odeurs et de goûts. De manière totalement inconsciente, chaque personne utilise ses systèmes et canaux de représentation presque à chaque seconde. Il a une certaine préférence, également inconsciente, pour les systèmes et les canaux qu'il utilise le plus souvent et de préférence.

Voici un bref exemple pour illustrer ce point : Un réalisateur, par exemple, doit nécessairement avoir une forte imagination visuelle pour savoir comment il va mettre en scène telle ou telle scène de son dernier film. Cela requiert une capacité d'imagination visuelle exercée, ce qui n'est pas le cas si vous préférez le canal auditif. Ce dernier est logiquement plus important pour les musiciens. Pour composer de la musique, il ne suffit pas d'avoir un certain talent musical, mais il faut surtout avoir une bonne imagination acoustique, qui permet d'entendre les sons sans avoir de notes ou d'instruments dans la tête. Cette capacité peut être tellement développée qu'il est possible d'entendre certaines choses même en étant sourd - il suffit de penser à Beethoven, qui composait sourdement dans ses dernières années.

Cette préférence, généralement inconsciente, pour certains canaux et systèmes peut même aller jusqu'à influencer directement notre utilisation de la langue. Ainsi, les personnes qui utilisent plutôt le canal visuel utilisent souvent des mots qui sont également directement liés à des associations visuelles. Dans ce cas, le choix des mots est représentatif de la variante de perception préférée et se fait également de manière inconsciente. Par exemple, dans le cas d'une présentation lors d'une réunion d'affaires, une personne à tendance auditive dira "ça a l'air génial", alors qu'une personne à tendance visuelle dira "ça a l'air très bien".

Notre vérité intérieure est donc très fortement limitée par la constellation personnelle de nos perceptions sensorielles préférées. En même temps, nous sommes particulièrement sensibles aux changements de la vérité intérieure sur ces canaux de communication préférés. Si vous voulez changer quelque chose de fondamental chez une autre personne, il est préférable de l'aborder par les canaux qu'elle "comprend" le mieux. Il est d'ailleurs possible de classer les personnes en groupes en fonction de leurs préférences de communication. Il en résulte les fameux types d'apprentissage, car c'est également par nos canaux de communication préférés que nous assimilons les informations le plus rapidement et le plus durablement.

Exercice 1 : Découvrez vos canaux de perception préférés !

Il existe plusieurs façons de déterminer les sens que vous préférez utiliser pour percevoir les choses, la plus simple étant le langage. Votre façon personnelle de percevoir les choses se reflète dans votre langage !

Ainsi, les personnes appartenant au **type visuel font** souvent des déclarations telles que celles-ci :

"Je ne vois pas de problème..."

"Je ne peux pas (bien) l'imaginer".

"Je (ne) vois pas pourquoi".

"Le sens de l'ensemble (ne) m'apparaît pas".

Le **type auditif** est plus enclin à faire les déclarations suivantes :

"Cette idée semble bonne/mauvaise".

"Je me demande...

"Je me dis souvent ..."

"C'est de la musique à mes oreilles".

Le **type kinesthésique n'est** pas seulement lié à son sens du toucher, il accorde également de l'importance aux sentiments et à l'intuition. Cela conduit à des affirmations comme celles-ci :

"J'ai un (mauvais) sentiment à ce sujet".

"Je sens qu'il y a un problème".

"Je n'arrive pas à saisir tout ça".

"Mon instinct me dit..."

"Je frissonne à cette idée."

"J'ai froid/chaud rien que d'y penser".

Le **type olfactif** et le **type gustatif** se trouvent généralement **combinés**, car ces deux sens sont fortement interdépendants, ce qui peut conduire aux affirmations suivantes ou à des affirmations similaires :

"Ça sent vraiment mauvais".

"Ça sent le roussi".

"Ça sent l'arnaque".

"Je le sens à des kilomètres contre le vent".

"Rien que d'y penser, ça me rend malade."

"Je n'aime pas du tout cette idée".

Pour savoir à quel type de personne vous appartenez, passez une journée entière à écouter ce que vous dites dans vos conversations. Pour intensifier l'exercice, il est conseillé d'enregistrer une longue conversation avec un ami, une connaissance ou un membre de la famille, à condition qu'il soit d'accord, afin de pouvoir ensuite analyser votre façon de vous exprimer. Vous pouvez également vous asseoir à la fin de la journée et écrire en détail tout ce qui s'est passé ce jour-là.

Mettez sur papier les pensées et les sentiments qui sont apparus en réaction à l'expérience. Ne faites pas attention à votre façon de vous exprimer pendant que vous écrivez, afin de ne pas fausser le résultat. Ce n'est qu'après, en relisant ce que vous avez écrit, que vous devriez examiner attentivement les formes d'expression qui décrivent la nature de votre perception. Une troisième façon de découvrir quels sont vos canaux de perception préférés est de vous promener. Ne vous perdez pas dans vos pensées, mais essayez d'être aussi conscient que possible du monde qui vous entoure. Une fois rentré chez vous, asseyez-vous immédiatement et notez tout ce que vous avez retenu. C'est sans doute le moyen le plus efficace de découvrir vos canaux de perception préférés !

L'ancrage

De la même manière que l'on peut conditionner les chiens pour qu'ils réagissent automatiquement à certaines actions, on peut conditionner son propre esprit pour qu'il réagisse de manière spécifique à un stimulus particulier. C'est ce que l'on appelle l'ancrage, la réaction étant dans ce cas une émotion spécifique. Contrairement au réflexe, une réaction totalement inconsciente et incontrôlable à un stimulus, l'ancrage consiste à conditionner consciemment l'esprit à associer automatiquement une émotion à un stimulus.

Tout le monde a de telles ancres dans sa vie, mais la plupart du temps de manière inconsciente. Si l'on ferme les yeux et que l'on s'isole un instant, certaines ancres nous viennent à l'esprit. Par exemple, une chanson à laquelle on associe la même émotion à chaque fois qu'on l'entend. Il en va de même pour une scène de film, une peinture ou une photographie, ou des objets quotidiens très banals comme la marque d'un constructeur automobile particulier. Ces stimuli peuvent être non seulement visuels, mais aussi sonores ou olfactifs. Ainsi, presque tout le monde associe une émotion à un repas, comme la fameuse soupe de pommes de terre de grand-mère, ou à l'odeur d'un parfum envoûtant. Ce sont tous des ancrages, mais les plus importants, et surtout les plus pertinents pour la programmation neurolinguistique, sont ceux qui provoquent les états émotionnels les plus forts et les plus intenses, car la PNL permet surtout de transformer les sensations négatives en réponse à certains stimuli et de les remplacer par des sensations positives.

Pour faire le lien avec les chiens mentionnés au début, cette méthode découle du concept de conditionnement classique de Pavlov. Ivan Petrovitch Pavlov était un médecin et un comportementaliste russe qui s'est surtout rendu célèbre pour ses recherches sur les chiens. Au cours de l'une de ces expériences, Pavlov a fait sonner une cloche à chaque fois que les chiens recevaient un repas. Ce conditionnement acoustique, qui amenait les chiens à associer le son de la cloche à la nourriture, leur permettait de saliver non pas au moment où ils mangeaient, mais dès qu'ils entendaient le son de la cloche.

Le même principe peut être appliqué à l'être humain, par exemple pour associer un sentiment de bonheur intense à un stimulus spécifique, un déclencheur, et pouvoir ainsi provoquer l'émotion souhaitée en toutes circonstances et à tout moment. Peu importe le stimulus par lequel le déclencheur est perçu, qu'il s'agisse d'un son entendu ou produit par l'utilisateur, d'un signal visuel, olfactif ou sensitif. Utilisé correctement, l'ancrage fonctionne avec chacun des cinq sens.

Assez de théorie, voici un exercice à faire chez vous : pour ancrer une émotion, vous devez d'abord la déclencher de manière tangible. Par exemple, si vous voulez ancrer en vous un sentiment de joie, pensez à une situation qui vous a procuré beaucoup de plaisir.

Pendant que vous vous concentrez sur cette sensation, vous devriez essayer de vous détendre. Le sentiment de plaisir devrait ainsi augmenter progressivement. Il est utile que vous vous représentiez précisément la situation. Concentrez-vous sur votre respiration et fermez les yeux pour obtenir une image concrète. À quoi ressemblait l'environnement lorsque vous avez ressenti du plaisir ? Quelle était l'odeur ? Vous souvenez-vous d'une voix qui parlait à l'époque ? Dès que le sentiment devient plus fort en vous, retenez la sensation et ressentez intensément. Sentez la joie qui grandit en vous. Au point culminant de cette émotion, vous devez jeter l'ancre. Cela signifie que vous faites un certain geste, que vous dites un certain mot ou que vous vous touchez à un endroit précis du corps.

Il est important que votre ancre représente quelque chose de spécial, c'est-à-dire qu'elle ne puisse pas être confondue facilement. Ce n'est qu'ainsi que vous pourrez l'utiliser plus tard de manière ciblée, lorsque vous voudrez faire naître le sentiment de plaisir. Lorsque vous la touchez, veillez à ce que ce soit à un endroit que vous ne touchez pas souvent par habitude, comme le bras par exemple. Néanmoins, il est conseillé de veiller à ce que vous puissiez déplacer facilement votre point d'ancrage. Vous pouvez maintenant tester votre ancre. Détachez-vous du sentiment de plaisir et pensez à autre chose. Lorsque vous êtes prêt, vous pouvez déclencher l'ancre. Si vous ressentez un sentiment de joie, votre ancrage a déjà fonctionné. Si ce n'est pas le cas, vous pouvez répéter la méthodologie autant de fois que nécessaire jusqu'à ce que le sentiment souhaité se manifeste. Parfois, une émotion est ancrée dès la première fois. Mais il se peut aussi que vous ayez besoin de plusieurs tentatives pour ancrer la sensation souhaitée.

Rapport

Cette forme d'effet miroir est déjà connue de beaucoup - certaines personnes sont en effet inconsciemment concernées. En principe, les gens s'adaptent à leurs interlocuteurs dans leurs expressions faciales, leurs gestes et leur articulation en général au cours d'une conversation, c'est-à-dire qu'ils adoptent certains modèles de comportement. Plus l'interlocuteur est perçu comme sympathique, plus ce reflet est rapide et plus les caractéristiques concernées sont nombreuses. Le rapport doit être compris comme une sorte de relation dans laquelle règnent l'harmonie et l'acceptation mutuelle. Lorsque deux personnes ou plus sont en relation pendant leur communication, elles maintiennent souvent un contact visuel et harmonisent souvent leur posture et leur voix. Cet effet peut également être inversé : si l'on reflète consciemment certains gestes et expressions de son interlocuteur, on est perçu par lui comme plus sympathique, on établit une relation interpersonnelle marquée par des signaux positifs - le rapport.

Calibrer

Dans le contexte de la programmation neurolinguistique, le terme "calibrer" est un substitut des termes "étalonner" ou "ajuster". Cela signifie qu'il s'agit, dans le processus de communication toujours représenté, de s'ajuster à son interlocuteur et donc de percevoir son expression verbale et non verbale et d'y réagir de manière adéquate. Le fait de "calibrer une personne" permet de connaître ou d'anticiper la réaction d'une autre personne. Il permet également de savoir si une personne dit la vérité ou si elle ment. En bref, "calibrer" signifie "percevoir". Il s'agit d'une perception sensible, précise, observatrice et empathique du comportement, des changements de comportement et des déclarations de la personne avec laquelle on interagit.

Il convient également de noter que non seulement les états externes, tels que les expressions verbales et les attitudes du corps, sont importants, mais aussi et surtout les signaux non verbaux émis par l'autre personne. En tant qu'acteur dans le contexte de la programmation neurolinguistique, vous souhaitez utiliser la technique de l'étalonnage. Dans ce cas, vous devez tout d'abord, comme nous l'avons vu, observer et percevoir intensément votre interlocuteur. Dans un deuxième temps, il est également important de vous "calibrer" par rapport à votre interlocuteur. Cela signifie que vous devez vous adapter à la façon dont votre interlocuteur se comporte, regarde ou parle, et peut-être aussi à la sensation qu'il vous donne en vous serrant la main ou en vous embrassant. Cet étalonnage vous permet de percevoir et d'interpréter ultérieurement les moindres changements de comportement de votre interlocuteur.

Pacing et Leading

Le pacing et le leading sont d'autres techniques qui font partie de la conception de la programmation neurolinguistique. Le terme "pacing" désigne le fait de s'adapter activement à l'état d'esprit d'une autre personne. Ce terme désigne donc le fait de s'adapter ou de se mettre à la place de l'autre personne. Le pacing permet de trouver des moyens de se mettre à la place de l'autre d'une manière particulière.

Le terme "Leading" décrit un domaine opposé à l'empathie sensible avec les autres. Dans ce cas, l'objectif est d'entraîner les autres dans ses propres projets. Il s'agit donc d'assumer un rôle de leader. Ce rôle aide à répondre aux sensibilités perçues précédemment dans le pacing, à aider la personne et à modifier son expérience. On peut donc dire que le pacing est une sorte de condition préalable à l'exécution du leading et donc à la mise en place de processus de changement.

Recadrage en six étapes

Il s'agit peut-être du plus célèbre des modèles PNL pour changer les habitudes et les comportements mal aimés ou défavorables. Comme son nom l'indique, il s'agit d'un plan en six étapes.

Le recadrage en six étapes est particulièrement adapté aux troubles psychosomatiques et aux comportements qui ne sont pas conscients, mais inconscients, et donc difficiles à saisir et à comprendre. La première étape consiste à identifier le trait de caractère que vous souhaitez changer, à vous rendre compte que ce trait de caractère vous pose problème et à vous fixer un objectif clair pour le changer.

Vous devez donc avant tout comprendre qui vous êtes au fond de vous. Faites le point sur votre position actuelle afin de pouvoir planifier vos prochaines étapes. Vous avez déjà intégré les qualités nécessaires comme base. Certaines sont peut-être déjà matures, d'autres ne sont que des graines que vous portez en vous. Selon que vous décidez ou non de les développer, vous devrez semer, arroser et entretenir ces graines pour qu'elles se développent en de nouvelles caractéristiques. D'un autre côté, il se peut que vous n'aimiez pas particulièrement certains traits de caractère, mais que vous les ayez fortement développés. Dans ce cas, vous devez les mettre en forme à l'aide d'un sécateur afin que les nouvelles petites plantes ne soient pas envahies par la végétation. Votre objectif intérieur devrait être un jardin diversifié dans lequel vous pouvez vous détendre sans crainte dans une chaise longue. À quoi ressemble le jardin en ce moment même ? Prenez quelques minutes pour réfléchir à qui vous êtes. Qu'est-ce qui fait votre personnalité ? Qu'est-ce qui vous différencie des autres ?

Pour faciliter la compréhension, le modèle de comportement à abandonner sera appelé "mauvaise herbe" et le modèle de comportement souhaité "rose", en référence à la métaphore du jardin. La deuxième étape consiste à analyser et à communiquer avec ce modèle X afin de déterminer ce qui provoque cette caractéristique.

Ce n'est pas facile et cela demande une grande concentration, car cette étape suppose que pour chaque schéma de comportement négatif, il y a un déclencheur dans la conscience avec lequel on peut entrer en contact activement. La communication avec la partie qui déclenche le schéma de comportement "mauvaises herbes" peut se faire de différentes manières, y compris de manière non verbale, par exemple par des sons. La troisième étape consiste à essayer de séparer le comportement "mauvaise herbe" de son déclencheur. L'une des hypothèses de base de la programmation neurolinguistique s'applique ici, à savoir que chaque action, chaque acte et donc chaque schéma d'action est sous-tendu par une intention positive.

Il en va de même pour la partie qui déclenche le schéma "mauvaises herbes" et qui pollue notre jardin, c'est-à-dire notre personnalité. Il s'agit donc de communiquer davantage avec cette partie et de découvrir pourquoi elle provoque le schéma de comportement. Si vous pensez avoir trouvé une éventuelle intention positive, vous devez demander à la partie responsable des mauvaises herbes dans notre jardin si votre hypothèse est correcte. Si la réponse à cette question est "non", il faut trouver un autre motif, une autre intention positive. Si la réponse est "oui", passez à l'étape suivante du recadrage en six étapes.

La quatrième étape consiste à trouver des alternatives au modèle de comportement indésirable "mauvaises herbes". Dans le meilleur des cas, certaines alternatives ont déjà été ancrées, de sorte que la partie responsable du schéma peut en quelque sorte chercher d'elle-même des modes d'action alternatifs.

Au début de la cinquième étape, vous communiquez à nouveau avec le déclencheur et vous vous assurez qu'il est pleinement satisfait des nouvelles alternatives et qu'il est prêt à en assumer la responsabilité. Cela constitue une sorte de garantie pour l'avenir et permet de s'assurer que chacune des trois alternatives est finalement acceptée. Il est maintenant possible de vérifier si les nouveaux comportements ont été pleinement adoptés - après tout, l'étape 2 a permis de déterminer ce qui déclenche le schéma X et quel est son objectif. Inversement, cela signifie que la réaction attendue peut tout aussi bien être provoquée. Cependant, contrairement à la situation précédente, le déclencheur de X dispose maintenant de trois nouveaux choix. Cette flexibilité permet à la partie déclenchante de réagir à davantage de stimuli. La sixième étape n'est qu'une sorte de vérification écologique. Enfin, on demande non seulement au déclencheur du schéma X, mais aussi à chacune des parties internes d'une personne, si elle est satisfaite des nouvelles alternatives.

Technique Swish

La technique du swish permet de se débarrasser d'habitudes indésirables et gênantes. Cependant, cette technique est plus efficace pour les personnes qui ont une forte capacité d'imagination visuelle, car elles doivent visualiser le trait négatif et le trait positif qu'elles souhaitent remplacer. La technique standard du swish utilise trois sous-modalités : la taille, la distance et la luminosité. En principe, il s'agit simplement de faire glisser l'image de la caractéristique négative visualisée de plus en plus petite, de plus en plus sombre et de plus en plus loin, jusqu'à ce qu'elle soit finalement hors de vue et que la caractéristique soit ainsi abandonnée, et de faire glisser d'un autre côté l'image de la caractéristique positive visualisée de plus en plus grande, de plus en plus claire et de plus en plus proche, de sorte qu'elle remplace correctement l'habitude négative.

La première étape consiste ici aussi à identifier l'habitude négative dont vous voulez vous débarrasser. Par exemple, une situation stressante peut vous donner envie de fumer une cigarette, car c'est la réponse que vous avez apprise au stress.

Pour adopter une nouvelle habitude plus constructive en réponse à votre stress, vous avez besoin d'une action de remplacement aussi positive que possible qui, dans l'idéal, vous permettra de mieux gérer votre stress et de le faire de manière plus saine, tout en vous faisant sentir bien. Par exemple, au lieu de fumer une cigarette, vous pourriez investir le même temps pour boire une bonne tasse de thé à la place. L'effet positif de la cigarette n'est qu'une illusion et l'effet de récompense ne dure que le temps que vous la fumez. Cependant, boire consciemment une tasse de thé peut vous offrir beaucoup plus, vous avez une expérience gustative positive, ce qui équivaut à un premier facteur de récompense, et l'effet physique réellement apaisant de la boisson assure un effet de récompense nettement perceptible et plus durable.

Étant donné que, comme d'habitude en programmation neurolinguistique, le principe est que chaque réaction a un déclencheur, la deuxième étape consiste à se demander ce qui précède immédiatement l'habitude indésirable et la provoque donc. En général, ce déclencheur est une émotion, généralement négative, qui fait apparaître la caractéristique à éliminer, dans ce cas le stress.

La troisième étape consiste à visualiser l'habitude gênante ainsi que la réaction qui doit remplacer l'habitude négative. Beaucoup de choses peuvent être utilisées. Cependant, la méthode la plus fiable consiste à se regarder dans un miroir, avec des expressions faciales et des gestes qui reflètent le plus fidèlement possible les caractéristiques en question.

Si les deux visualisations sont aussi précises que possible, la quatrième étape est le swish proprement dit. Il est préférable de visualiser une sorte d'écran, comme une grande télévision ou un écran de projection. Cet écran est entièrement rempli par l'image de la caractéristique négative, c'est-à-dire la fumée d'une cigarette. Dans le coin inférieur droit, faites apparaître l'image de l'habitude positive, c'est-à-dire la cérémonie du thé, en tout petit et en noir. Dessinez cette image de manière aussi claire et détaillée que possible, de sorte que vous puissiez goûter et sentir le thé et ressentir le début de la relaxation. Une fois que vous avez obtenu ce résultat, associez mentalement ces sensations à une couleur spécifique que vous superposerez à l'image. Celle-ci s'agrandit et s'éclaircit, partant du coin inférieur droit pour s'étendre progressivement sur tout l'écran.

En même temps, l'image de l'habitude négative devient de plus en plus petite et sombre, jusqu'à ce qu'elle soit complètement recouverte par sa contrepartie positive et disparaisse complètement. L'écran est maintenant entièrement recouvert par la visualisation de la caractéristique positive souhaitée. Le swish est ainsi terminé. La cinquième étape consiste à répéter le swish standard sept fois, dans le meilleur des cas. La sixième étape est un test pour voir si le swish a réussi. Pour cela, il suffit d'essayer de visualiser à nouveau la caractéristique négative. Si le swish a réussi, cela devrait être impossible. Si l'image apparaît, le swish standard doit être répété. Une autre façon de constater le succès de cette méthode est de faire un test réel, c'est-à-dire de faire apparaître la situation qui a précédé l'habitude indésirable et de voir si elle a été remplacée par sa contrepartie positive.

Fast Phobia

Cette technique de programmation neurolinguistique fait appel à la créativité audiovisuelle, ce qui peut être difficile et compliqué au début, mais qui, avec une concentration suffisante, donne des résultats sensationnels.

La technique Fast Phobia permet de faire disparaître les phobies en un temps record, de manière durable et permanente. Les patients phobiques ne peuvent pas choisir ce qui leur fait peur et, lorsqu'ils sont confrontés à l'objet, l'animal ou autre, un film se déroule automatiquement dans leur tête, sans qu'ils puissent l'arrêter, les plongeant dans une sorte de sidération.

La technique Fast Phobia utilise ce film en faisant défiler devant l'œil interne une situation étroitement liée à la phobie sous forme de film en noir et blanc. Après quelques étapes de travail, celle-ci est repassée à l'envers en couleur. Ceci est censé faire disparaître la phobie après plusieurs répétitions. Pour comprendre et surtout appliquer cette technique, il faut d'abord savoir ce qu'est exactement une phobie et ce qui la provoque. La réponse est simple, du moins pour ce dernier point : dans notre propre tête.

La raison est à l'origine de tout trouble phobique. Le point intéressant est que même les personnes concernées savent que la phobie est toujours irrationnelle. Elle est dirigée contre un objet choisi par l'esprit, quel qu'il soit, sans faire appel à l'expérience personnelle de la personne.

Cela signifie que l'on peut souffrir d'aviophobie, la peur panique des vols en avion, sans avoir jamais pris l'avion ou sans avoir eu d'expériences qui pourraient être à l'origine de la phobie, même si l'on a déjà volé. C'est la différence fondamentale entre une phobie et un trouble anxieux.

Il s'agit également d'une forme pathologique d'anxiété qui présente à peu près les mêmes symptômes que la phobie. Cependant, contrairement au trouble phobique, le trouble anxieux est réellement basé sur une expérience négative par rapport à l'objet concerné. Cela signifie qu'une personne qui a une peur panique et non phobique des vols souffre parce qu'elle a failli s'écraser, a survécu à un crash ou a perdu un proche dans un crash. Il convient de préciser que Fast Phobia ne s'applique qu'aux phobies et non aux troubles anxieux, qui sont beaucoup plus graves car plus traumatisants. Pour éviter de déclencher les symptômes d'une phobie, il existe de nombreuses possibilités.

Les personnes qui ont une peur panique de prendre l'ascenseur peuvent se rabattre sur les escaliers - la phobie ne se déclenche que lorsque l'on s'approche de l'ascenseur avec l'intention d'y entrer et de l'utiliser. Cependant, ces méthodes d'évitement ne traitent que les symptômes, pas la phobie elle-même. Et c'est là que Fast Phobia intervient.

Si l'on s'en tient à l'exemple de l'aviophobie - la peur de l'avion - on en revient au film évoqué au début de cet article, qui se déroule dans l'esprit du sujet. Celui-ci se déclenche dès que la personne concernée s'approche d'un avion, voire, dans certains cas, dès l'entrée dans l'aéroport, lorsque le cerveau sait que la situation redoutée est imminente.

Le lancement du film est le signal donné par le cerveau que la distance minimale avec l'objet de la peur a été dépassée. Le film est lu comme un ultime avertissement et contient exactement le pire scénario que l'on craint, et le corps, en tant que seul spectateur du film, réagit avec les symptômes physiques d'une phobie - pouls rapide, sueurs, crises de panique, évanouissement.

De ce point de vue, on peut donc affirmer que le corps ne réagit pas de manière panique à l'avion ou au vol, mais au film qui se déroule dans l'esprit. La clé de la lutte contre la phobie réside donc dans le contrôle de ce film - il faut apprendre à en être le réalisateur. D'ailleurs, ce film ne se déroule pas uniquement par rapport à l'objet de la phobie. Dans de nombreuses situations potentiellement dangereuses et peu rassurantes, le cerveau utilise un film catastrophe pour avertir de l'imminence d'un malheur. Cependant, contrairement à la personne phobique, l'être humain est généralement capable d'arrêter ce film et de ne pas laisser la peur s'installer.

La technique de la quasi-phobie consiste à permettre à la personne concernée de prendre le contrôle exclusif du film intérieur qu'elle redoute, de devenir pratiquement son propre réalisateur, et de surmonter ainsi son anxiété. Cela se fait au moyen de deux pratiques fondamentales.

D'une part, on s'entraîne à regarder le film de manière dissociée, c'est-à-dire séparément et non comme une partie de soi-même, et à le faire défiler en noir et blanc plutôt qu'en couleur. Une fois le film visionné, la seconde pratique consiste à le visionner en couleur et à l'envers, et contrairement à la variante en noir et blanc, à l'associer, c'est-à-dire à le rejouer en tant que partie de soi. Après une utilisation régulière, la phobie devrait être vaincue. Si ce n'est pas le cas, il ne s'agit pas d'une phobie, mais peut-être d'un trouble anxieux, ou alors la peur a une toute autre origine.

Pourquoi la PNL est idéale pour la manipulation

Vous avez peut-être déjà une bonne idée de la raison pour laquelle la PNL se prête bien à la manipulation. Nous souhaitons néanmoins revenir brièvement sur ce point. N'oubliez pas que la PNL est issue de la psychothérapie. Si l'on y réfléchit, la psychothérapie peut peut-être être considérée comme la catégorie reine absolue de la manipulation, car qui pourrait être un manipulateur plus efficace qu'une personne qui amène des patients souffrant de troubles psychiques pathologiques à se comporter différemment ? Des personnes dont les comportements ont souvent été profondément gravés dans leur propre psyché à la suite de traumatismes et d'autres événements graves. Ils veulent provoquer des changements à un niveau beaucoup plus superficiel chez des personnes généralement en bonne santé mentale. En gardant cela à l'esprit, tout le potentiel de la PNL devient évident.

En fait, même au sein de la communauté PNL, la question de savoir comment se protéger d'une utilisation trop manipulatrice de la PNL se pose régulièrement. De nombreuses techniques visent d'emblée à manipuler les autres à un haut degré. Ceux qui utilisent la PNL à des fins thérapeutiques doivent donc suivre certains protocoles pour s'assurer qu'ils ne nuisent pas à leurs patients. Soyez donc conscient du pouvoir que la PNL vous donne sur les autres. Utilisez donc les techniques décrites avec prudence et demandez-vous toujours si vous rendez service à l'autre. Si tel est le cas, rien ne s'oppose à leur utilisation.

Techniques de manipulation

Nous avons déjà évoqué dans un chapitre précédent la responsabilité qu'implique la PNL. Ceux qui se souviennent de ces mots peuvent être étonnés, voire dubitatifs, et se demander dans quelle mesure une utilisation responsable des méthodes PNL et le mot manipulation peuvent aller de pair.

Ce doute s'explique par la connotation essentiellement négative de la manipulation, généralement comprise comme une forme négative d'influence. Il s'agit généralement de manipuler les actions, les pensées et/ou les sentiments de l'autre, la personne manipulée. On suppose toujours - ce qui explique aussi la connotation négative - que le manipulateur agit dans son propre intérêt et, comme nous l'avons déjà mentionné, qu'il accepte délibérément de nuire à la personne manipulée.

Une autre idée reçue qui donne à la manipulation une mauvaise réputation est que la personne manipulée ne peut être influencée qu'à contrecœur et dans une position qui lui est défavorable et que, par conséquent, elle doit résister à la manipulation, la "combattre" au sens psychologique du terme, pour que l'influence négative soit couronnée de succès. Il s'agit là des préjugés sur la notion de manipulation et ils sont extrêmement discutables, car ils partent tous du principe que toute personne qui exerce une influence consciente et ciblée agit pour des motifs égoïstes.

Par égoïsme, le manipulateur tente d'imposer son opinion, sa pensée, etc. à la personne manipulée. On ne tient pas compte du fait que tout le monde manipule presque tous les jours, consciemment et inconsciemment. En effet, même des choses apparemment simples comme le langage corporel déjà expliqué et les modifications conscientes de celui-ci pour créer un effet délibérément provoqué entrent dans la catégorie de la manipulation. Les enseignants manipulent leurs élèves de diverses manières, même si elles sont inoffensives, contrairement à ce que l'on pourrait croire, et les dirigeants d'entreprise, en particulier, ont de nombreuses possibilités de manipulation qui s'avèrent essentielles pour une politique du personnel réussie. Afin de démontrer que la manipulation est bien plus inoffensive que sa réputation ne le laisse entendre et d'expliquer les aspects utiles de l'influence consciente et inconsciente, nous décrivons ici différentes techniques de manipulation que tout un chacun est capable d'utiliser.

LE DISQUE SUSPENDU AKA LA REDIFFUSION

L'une des formes les plus courantes et - comme son nom l'indique - les plus inoffensives de manipulation. Cet aspect de l'influence consciente sur les actions et les pensées d'autrui est vécu quotidiennement dans la publicité - des centaines de spots sont répétés plusieurs fois d'une interruption publicitaire à l'autre. La raison en est que l'homme est un animal d'habitude - plus il est exposé régulièrement à quelque chose par le biais de ses canaux de perception, plus l'objet annoncé devient évident pour lui, plus il y pense souvent et plus il est prêt à acheter le produit en question.

LE PIÈGE DE L'INERTIE

Cette technique de manipulation est également très connue et très populaire. Elle est également appelée technique du "pied dans la porte" et sera familière à la plupart des lecteurs, car la plupart d'entre eux sont déjà tombés dans ce "piège". Elle est souvent utilisée dans toutes sortes de supermarchés, de centres commerciaux ou de grands magasins spécialisés, ainsi que dans les lieux publics tels que les gares ou les endroits populaires des centres-villes.

Nous avons tous, à un moment ou à un autre de notre vie, repéré un stand proposant des journaux, des participations à des loteries généreuses, voire trop alléchantes, ou tout simplement une gamme de produits alimentaires nouvellement apparus sur le marché. Des vendeurs sympathiques vous demandent si vous avez envie d'acheter l'un des produits décrits - gratuitement bien sûr - et vous tombez dans le piège tendu. Si l'on se montre intéressé par l'offre, le vendeur déploie tout son charme et fait de son mieux pour attirer le client recruté, si possible à long terme.

LE TOUR DE L'AMITIÉ

Cette technique de manipulation est idéale pour briser la glace avec une personne inconnue et peut être utilisée, par exemple, lors des premiers jours sur un nouveau lieu de travail afin de se familiariser avec les nouveaux collègues. L'astuce de l'amitié est basée sur un principe de communication qui vise à souligner autant de points communs que possible entre les interlocuteurs et qui, d'une certaine manière, est combiné avec la technique de la répétition. Voici un exemple de conversation entre deux personnes qui ne se connaissent pas :

Personne A. : "J'adore aller manger au restaurant XY. La nourriture y est de première qualité".

Personne B (manipulateur) : "J'y suis allé aussi, et je suis encore aujourd'hui enthousiasmé par l'ambiance !"

Personne A : "Ah bon ? Et qu'est-ce que tu dis de ..."

Une conversation s'engage entre les deux parties et la personne A a l'impression d'être sur la même longueur d'onde que la personne B par le simple fait qu'elle aime le même restaurant - la glace est rompue. Cependant, les vendeurs utilisent aussi souvent le stratagème de l'amitié pour suggérer aux clients potentiels un sentiment de familiarité et d'affinité, ce qui devrait finalement conduire à la vente d'un produit particulier.

MANIPULATION PAR LA CRÉATION DE LA PEUR

Celui qui veut manipuler en créant de la peur utilise la caractéristique humaine, rarement utile, de penser de manière subjective et de ressentir de manière irrationnelle. Lors d'une réunion d'affaires, par exemple, le manipulateur prépare l'auditoire pendant un certain temps à la création de la peur en présentant un contenu particulièrement émotionnel ou en parlant de manière passionnée.

Cela ouvre, métaphoriquement parlant, un canal émotionnel chez les auditeurs, qui sont alors beaucoup plus réceptifs à la création de la peur. Celle-ci est finalement provoquée, par exemple, par la présentation d'une version aussi sombre que possible de l'avenir de l'entreprise, si certains changements souhaités par le manipulateur ne sont pas mis en œuvre pour le bien de l'entreprise. Plus le groupe d'auditeurs est grand, plus chacun d'entre eux finit par ressentir de la peur, par une sorte d'effet de troupeau qui a déjà été responsable de bien des paniques collectives.

INSTINCT GRÉGAIRE

Cette forme de manipulation est généralement inconsciente et peut également être observée sur de nombreux lieux de travail. Elle repose sur le phénomène suivant : dans de nombreuses situations, un individu se conforme toujours à un groupe, un petit groupe se conforme à un grand groupe, un grand groupe se conforme à un groupe encore plus grand, et ainsi de suite. Ce que fait un grand groupe est toujours perçu comme correct par le petit groupe suivant, qui l'imite. Comme pour l'astuce de l'amitié, la phase d'adaptation d'une personne dans un nouvel environnement de travail sert d'exemple.

Si vous êtes habitué à une certaine routine de travail ou à une certaine philosophie d'entreprise de votre ancien employeur et que celle du nouvel employeur semble complètement contradictoire et opposée à l'ancienne, il ne faudra pas longtemps avant que vous n'assimiliez également les nouvelles procédures de travail et que vous ne finissiez par les approuver en raison de l'approbation de vos collègues de travail habitués à rien d'autre. L'opinion et les convictions personnelles s'adaptent toujours à celles du troupeau. C'est effrayant, mais vrai.

ASTUCES ÉMOTIONNELLES

La manipulation par les émotions est assez facile, car nos émotions ne font pas appel à notre raison. Si notre demande n'est pas réalisable sur le plan factuel, il est possible de la faire passer par la voie émotionnelle. Ce type de manipulation est utilisé pour limiter ou interrompre la capacité de critique de l'autre personne. L'astuce émotionnelle est utilisée par exemple avec des photos tristes lors de galas de collecte de fonds.

Comment reconnaissez-vous la manipulation des autres ?

Suis-je manipulé ou non ? Telle est la question ici. Ceux qui connaissent les techniques de manipulation savent de quoi il retourne. Où que vous alliez et soyez, vous manipulez : dans le train, dans le tramway, au restaurant, partout, et vous le faites avec des mots, des mains et des expressions faciales. Ce sont les signaux que vous émettez, et vous êtes donc manipulé à votre tour. En principe, vous n'avez pas besoin de vous demander si vous êtes en train d'être manipulé - vous l'êtes.

Tout le monde essaie de faire valoir ses intérêts et de bien se vendre. Mais il y a une technique de manipulation que beaucoup n'ont pas, c'est l'assurance. Celle-ci fait pourtant partie intégrante du processus, comme le beurre sur le feu. Il y a ainsi des professionnels qui obtiennent toujours ce qu'ils veulent, car ils vivent selon le **principe de manipulation des quatre méthodes**.

LE PRINCIPE DE MANIPULATION DES QUATRE MÉTHODES

1. Ils veulent détruire votre confiance en vous : Ils ne font que vous montrer vos erreurs et ce que vous faites concrètement de mal. Ils veulent juste que vous vous sentiez de plus en plus mal.

2. Ils vous punissent par le non-respect et l'ignorance : si vous avez besoin d'aide, ils essaient de vous maintenir au sol. Ils vous forcent à suivre leurs actions, sinon ils ne vous aideront pas.

3. Ils ne tiennent pas compte de la réalité et avancent des thèses crues : ils répandent la peur dans les

discussions et cherchent à exciter les autres. Vous vous réjouissez de voir les autres se déchirer et se battre entre eux.

4. Ils gardent leur personnalité petite : ils se sentent plus forts et vous devez rester petit. Tant que vous vous sentez mal, ils continuent à le faire et à s'en délecter.

QU'EST-CE QUI SE CACHE DERRIÈRE UNE PERSONNALITÉ MANIPULATRICE ?

En faites-vous partie ou devez-vous apprendre la manipulation à partir de zéro ? Chaque jour, nous sommes manipulés, nous changeons nos actions et nos pensées et nous ne nous en rendons même pas compte. Probablement même pas celui qui manipule. Il impose sa volonté, rien de plus. Mais une manipulation, si elle est pratiquée en toute connaissance de cause, peut tout à fait être un contrôle. Par conséquent, si la manipulation n'est pas directive mais purement négative, il y a les auteurs et les victimes.

Les victimes manipulées sont plus que nombreuses. De nombreuses personnes souffrent d'un trouble de la personnalité narcissique et ce type de personnalité n'hésite pas à harceler son entourage. Ces personnes font peur et vous parlent constamment en mal. Elles sont irrespectueuses et ingrates, menaçantes et agressives. C'est tout ce que ces personnes représentent.

Mais si vous êtes une personne qui exerce elle-même la manipulation, vous ne devriez jamais agir ainsi avec les autres. Cela relève plus du mépris que de la dignité humaine. Pourtant, ces personnes vont très loin dans la manipulation, car elles sont presque mariées au mot intimidation et ont intériorisé les modes d'action manipulateurs. Ce comportement est presque comparable à celui d'une araignée et de sa toile : elle enveloppe sa proie jusqu'à ce qu'elle se nourrisse d'elle. Ainsi, ces personnes vous vident de votre énergie. Mais si une personne comme vous rencontre cette personne très manipulatrice, le vent tourne. Vous pouvez aussi manipuler et vous ne tombez pas dans le filet de cette araignée. La manipulation est un mélange de politique, de sociologie et de psychologie.

Et c'est ainsi que fonctionne la manipulation chez ces personnes, alors méfiez-vous : il s'agit de l'influence pure et simple, c'est exactement ce qui caractérise les personnes qui souffrent presque de troubles de la personnalité. L'influence est très souvent utilisée comme un terme synonyme de manipulation. Il lui manque cependant l'aspect de l'exploitation ciblée, ce qui est le cas de la manipulation. En politique, on parlerait de propagande.

Ainsi, la manipulation de la politique sert à diffuser la pensée idéologique, ce qui permet d'influencer la vision publique de la population. L'influence émotionnelle va à l'encontre de nos principes démocratiques fondamentaux, car en tant qu'êtres humains, nous voulons prendre des décisions libres et autonomes. Nous voulons prendre des décisions qui découlent de notre raison et de notre passion. Pourtant, une influence étrangère peut en faire partie. Nous sommes tout simplement manipulés. Les personnes qui nous influencent de manière purement négative nous enferment et nous rendent également petits. Ne les laissez pas vous décourager et sortez de leur champ d'action, car ils polluent l'air.

Principes de la communication humaine

Même si vous ne le voulez pas dans certaines situations, vous communiquez toujours, à tout moment et à chaque seconde. Si ce n'est pas par les mots, c'est par le langage corporel, c'est-à-dire les gestes, les expressions faciales et l'articulation globale. Le problème avec le langage corporel, c'est que si, dans la plupart des situations, on décide consciemment et de manière contrôlée des mots que l'on prononce, l'utilisateur inexpérimenté n'a que rarement le contrôle de son langage corporel, ce qui peut à certains moments rendre absurde ce que l'on dit. Les gestes d'une personne - qu'il s'agisse de signes clairement reconnaissables ou de ce que l'on appelle des micro-messages - révèlent beaucoup à l'œil exercé sur l'auteur et sa personnalité. L'incrédulité survient souvent, par exemple, lorsque l'articulation ne correspond pas à ce qui est dit. L'image n'est pas ronde et trahit des intentions douteuses. Les mots prononcés ne sont pas toujours convaincants. La majeure partie de la communication est non verbale. Les vendeurs, en particulier, utilisent à 90% le non-verbal, car le langage corporel est leur élément de communication. D'autre part, l'harmonie entre les mots et le langage corporel donne un sentiment de grande authenticité et de crédibilité. On peut donc affirmer sans crainte que le langage corporel joue un rôle crucial, voire décisif, dans la communication humaine.

Vous avez peut-être déjà remarqué que nous utilisons plus nos oreilles que nos yeux dans une conversation ? Bien sûr, nous écoutons attentivement, mais il n'y a pas toujours de correspondance entre ce qui est dit et la posture du corps. Le corps ne ment pas dans sa façon de s'exprimer et ne peut pas cacher ou même dissimuler beaucoup de choses. Nous nous exprimons plus intensément avec le langage corporel qu'avec la voix. Par conséquent, la posture du corps trahit nos pensées, car nous ne pouvons pas facilement nous cacher derrière elle. Le ton de la voix, par exemple, n'est utilisé qu'à 38% et seulement 7% se rapportent au reste de la communication. C'est le langage corporel qui fait toute la différence. Les personnes qui réussissent dans leur vie professionnelle et privée se présentent toujours de manière globale. Si nous revenons quelques années en arrière, les bébés communiquent certes par des sons, mais aussi beaucoup par des gestes et des expressions faciales. C'est ainsi que nous pouvons, en tant que parents ou grands-parents, interpréter leur état d'esprit.

Nous nous comprenons pratiquement sans mots. Nous commençons donc par la communication non verbale, qui constitue un codage final. Nous communiquons par notre attitude, nos mimiques et nos gestes, puis nous utilisons des mots. À certains égards, cela se passe de manière totalement inconsciente et constitue une grande partie de nous-mêmes. Un porte-voix de première classe. Ce faisant, nous paraissons plus authentiques et plus sincères qu'avec des mots. Nous ne faisons pas semblant dans le langage corporel. La plupart du temps, il se manifeste même spontanément à la suite d'une réaction. Nous paraissons ainsi plus vrais et plus émotionnels.

Ce qui est fascinant avec le langage corporel, c'est qu'il n'influence pas seulement l'image que les autres ont de vous, mais qu'il peut également modifier positivement l'image que vous avez de vous-mêmes si vous vous montrez confiant. Ce n'est pas pour rien que de nombreux coachs en motivation commencent par le langage corporel de leurs clients, car il peut avoir une influence étonnante sur le caractère lorsqu'il est développé de manière positive. La première étape, et la plus importante, est de comprendre que le langage corporel est, dans la plupart des cas, totalement inconscient et qu'il ne peut être utilisé que si l'on commence à l'exploiter consciemment. Avec de la pratique, chaque geste devient alors exactement ce qu'il doit être, du plus petit mouvement des doigts au jeu des sourcils, et l'effet souhaité peut être obtenu sur l'autre personne.

Les personnes qui s'intéressent de près au langage corporel peuvent se targuer d'être des personnes talentueuses. De plus, il permet de pénétrer profondément dans la psyché de l'autre. Souvent, un simple regard suffit, car les gestes et les expressions faciales fonctionnent très bien ensemble. Avant même de prononcer un mot, celui qui maîtrise le langage corporel sait à qui il a affaire. Soyez donc attentif et ne vous laissez pas troubler par les mots, le corps exprime plutôt la vérité. L'impact du langage corporel est donc phénoménal et unique et devrait être beaucoup plus mis en avant.

L'un des indicateurs les plus importants du langage corporel n'est pas la gestuelle - il se trouve dans les yeux humains. Ceux-ci ne servent pas seulement à l'identification - il est bien connu que chaque personne possède une paire d'yeux unique - mais il est également possible de tirer des conclusions étonnantes sur le caractère et l'humeur de leur propriétaire en lisant dans ses yeux. Un contact visuel intense peut être une expérience particulièrement agréable ou désagréable, selon la personne avec laquelle il est réalisé, et ce, même si l'on ne fait rien d'autre que de se regarder. Cela s'explique par le fait que les yeux sont - pour reprendre un proverbe bien connu - la fenêtre de l'âme et que l'on se sent à la merci d'un contact visuel particulièrement long. La plupart des gens se fient aux yeux (et aux expressions faciales en général) de leurs interlocuteurs pour faire une première impression, et ils tirent des conclusions conscientes et inconscientes sur leur caractère à partir de l'expression des yeux et du visage. Il ne s'agit pas de nouvelles découvertes spectaculaires d'une quelconque université ou de développements récents dans le comportement humain, bien au contraire. Depuis qu'il existe, l'homo sapiens lit dans les yeux de ses semblables et tente d'y identifier les intentions et les sentiments qui s'y dessinent.

Reste la question de savoir ce que l'on peut lire exactement dans ces yeux uniques et souvent mystérieux. Les émotions particulièrement fortes et évidentes sont les plus faciles à détecter. La joie, la colère ou la peur sont difficiles à dissimuler et se lisent dans les yeux, même avec un contrôle de soi prononcé. C'est tout simplement parce que l'expression des yeux est en grande partie le résultat de contractions des muscles oculaires internes, qui sont directement provoquées par le système nerveux végétatif et ne peuvent donc pas être contrôlées consciemment - comme par exemple les battements de votre propre cœur. La pupille, ou plutôt sa taille, est particulièrement révélatrice à cet égard. Celle-ci ne dépend pas seulement de l'incidence de la lumière - il est bien connu que la pupille s'agrandit dans l'obscurité, alors qu'elle est contractée par les muscles de l'iris en cas de forte luminosité. En cas d'anxiété, par exemple, nous pouvons également constater une dilatation des pupilles chez nos interlocuteurs. Cela s'explique par le fait que lorsque nous ressentons de l'anxiété, notre cerveau ressent automatiquement le besoin d'être attentif et, en agrandissant la pupille, il fait en sorte que la lumière pénètre davantage et, par conséquent, que nous puissions mieux percevoir l'environnement. Cependant, la condition principale pour interagir avec d'autres personnes est d'avoir généralement des compagnons disponibles pour interagir. C'est le cas de la plupart des gens.

Tout le monde a des contacts sociaux, une famille et un cercle d'amis. La solitude n'est pas une bonne chose pour la plupart des gens - pas mal de chercheurs diraient "tous" à ce stade. La simple idée d'être seul, si on la pousse jusqu'au bout, évoque un malaise et une humeur triste. Cependant, dans certaines situations, la solitude est temporairement inévitable. Comment l'homme parvient-il à y faire face et pourquoi les contacts sociaux sont-ils si importants pour lui ? Ce n'est un secret pour personne que le besoin d'amis et d'interactions sociales est lié à l'évolution. Après tout, l'homme préhistorique survivait mieux au sein d'une meute, où il était le mieux armé contre les attaques extérieures et où il pouvait assurer des conditions de vie en constante amélioration au fil du temps. Cette idée est si profondément ancrée dans son ADN qu'il n'a jamais pu s'en défaire jusqu'à aujourd'hui. Dans les situations où il ne peut éviter une solitude temporaire, l'homme en est très conscient. Par exemple, si l'on change de lieu de résidence, d'employeur ou si l'on quitte le domicile familial pour la première fois, la phase d'adaptation est souvent difficile en raison du manque de contacts sociaux.

Une autre preuve de l'importance du cercle d'amis nous est fournie par l'industrie du divertissement, et plus précisément par l'industrie du cinéma et des séries. Ce n'est pas un hasard si les sitcoms les plus populaires de ces dernières années, de "Friends" à "How I met your mother" ou "Big Bang Theory", par exemple, traitent toutes de la cohabitation entre différents amis. Ces séries n'offrent pas de drame particulier, d'action ou de poursuites endiablées. En fait, nous ne faisons que regarder nos meilleurs amis se débrouiller dans leur vie quotidienne, qui est, il est vrai, plutôt excentrique et inhabituelle.

Le message de ces séries est presque le même dans chaque épisode - l'amitié est la chose la plus importante dans la vie. Lorsque Ted Mosby n'a pas réussi à séduire les femmes et qu'il est déprimé dans son appartement, ses amis sont toujours là pour lui. Ils se soutiennent mutuellement, rient et pleurent ensemble.

Ensemble - c'est le grand secret, tant pour le succès des séries dont il est question que pour la vie quotidienne. Si l'on compare scientifiquement deux personnes dont l'une est heureuse et l'autre malheureuse dans la vie, dans plusieurs cas, le bonheur sera dû à l'existence de contacts sociaux et le malheur à leur absence. Si l'on a des personnes avec qui partager sa vie, avec qui partager les moments de joie comme les moments de tristesse et d'abattement, le regard que l'on porte sur sa propre identité, sur sa propre existence, est beaucoup plus optimiste et joyeux que si l'on doit vivre seul toutes les situations que la vie nous réserve dans sa diversité.

Pourtant, la solitude ne rend pas seulement malheureux. L'absence durable de contacts sociaux peut même, dans certains cas, entraîner des maladies physiques. C'est particulièrement le cas lorsque l'environnement social n'est pas propice à la joie. Si l'environnement social d'une personne est morne, sombre et sans joie, cela se répercute automatiquement sur son propre psychisme. Certes, cela ne signifie pas nécessairement qu'un environnement négatif engendre une personne négative, mais cela peut renforcer des dispositions pessimistes latentes et intensifier une humeur dépressive et la consolider dans le noyau du caractère. D'un autre côté, un environnement positif a rarement un effet négatif sur une personne et peut, tout comme les circonstances négatives, avoir un impact sur des traits de caractère et des attitudes fondamentales déjà latents.

Interpréter les signaux inconscients de notre corps

Dans une conversation, une dispute ou dans notre monde émotionnel, des gestes tout à fait inconscients se mettent en place. Ils apparaissent presque par réflexe. Ce n'est pas seulement une réaction à quelque chose de précis, c'est un sentiment sincère. Nous l'exprimons immédiatement, sans y penser.

Souvent, ces signaux inconscients apparaissent lors de l'annonce d'une mauvaise nouvelle. Nous réagissons immédiatement, généralement sans aucun contrôle sur nous-mêmes. C'est également le cas en cas de bonne surprise, mais cela se produit également en cas de tension et de peur. Notre corps communique donc inconsciemment.

Motifs de mouvements oculaires

Les mouvements des yeux peuvent fournir des informations sur la manière dont les processus mentaux sont susceptibles de se dérouler dans le cerveau de cette personne. Il convient néanmoins de souligner qu'il n'est pas recommandé d'arriver trop rapidement à une conclusion et donc de prendre une décision hâtive.

La construction d'un raisonnement et le rappel de ce qui a déjà été vécu ne sont pas des processus simples dont la réponse véridique dépend exclusivement de la personne concernée. Il convient également de noter que l'on observe généralement une succession de mouvements oculaires et donc de schémas de mouvements oculaires. Cela est dû au fait que chaque personne passe par une multitude de processus de pensée et qu'il est donc possible de reconnaître différents schémas de mouvements oculaires. Enfin, il convient de préciser que les illustrations suivantes des schémas de mouvements oculaires concernent généralement les droitiers.

Si vous ou votre interlocuteur êtes gaucher, vous devrez peut-être inverser les explications, car les mouvements oculaires sont alors souvent inversés.

On distingue ci-après les mouvements oculaires vers le haut et vers le bas, ainsi que vers la gauche et vers la droite, toujours dans le plan horizontal, dans le plan horizontal ou centré.

Si les yeux de votre interlocuteur sont orientés vers **le haut,** vous pouvez en déduire que la personne privilégie le système de représentation visuelle pour enregistrer les informations. Si le regard est ensuite dirigé vers **le haut à gauche**, on peut dire que les informations représentées visuellement sont des informations mémorisées. Cela signifie que votre interlocuteur voit probablement des situations qu'il a déjà vécues dans son esprit. En d'autres termes, la personne se remémore alors des images connues.

Pour tester cela sur une personne de votre choix, vous pouvez par exemple demander de quelle couleur est la cuisine de vos parents, ou encore comment est meublée la chambre d'un ami ou d'une connaissance.

En revanche, le mouvement des yeux vers **le haut et la droite indique** que votre interlocuteur visualise des choses et des situations, mais qu'il ne se souvient pas de cette représentation, qu'il la **construit**. Cela signifie que ces visualisations n'ont jamais eu lieu auparavant ou que la personne ne les a jamais vues de ses propres yeux. Il est possible que vous en déduisiez laquelle des deux formes de mémoire une personne utilise. Cela vous aidera ensuite à orienter et à optimiser votre communication dans ce sens.

Après avoir expliqué les mouvements oculaires vers le haut, il semble approprié d'examiner les schémas de mouvements oculaires orientés vers **le bas**. Les schémas de mouvements de ce type ne peuvent pas être attribués globalement à un système de représentation préférentiel. Cependant, une distinction est à nouveau faite selon que le regard est dirigé **vers le bas et vers la droite** ou **vers le bas et vers la gauche**.

Les mouvements oculaires qui se multiplient vers **le bas à gauche** indiquent que votre partenaire d'interaction est en **train de mener un dialogue intérieur avec lui-même**. Ce processus de dialogue intérieur est souvent axé sur un niveau auditif. Cela signifie que lorsque votre interlocuteur regarde vers le bas à gauche, il ou elle se parle généralement à lui-même ou à elle-même pour discuter de quelque chose avec lui-même ou elle-même. Par le dialogue intérieur, il essaie de clarifier les choses et de trouver une solution.

Mais si les yeux de votre partenaire d'interaction sont orientés vers **le bas et la droite, il s'agit** clairement d'un système de représentation kinesthésique. Cela signifie que des processus kinesthésiques se déroulent dans la tête de cette personne pendant ses pensées. Votre interlocuteur ressent quelque chose ou est **impliqué émotionnellement**. Il est également possible que votre interlocuteur fasse appel à une émotion en lui.

Les signaux conscients de notre corps

Oui, nous avons aussi des compétences acquises. Celles-ci s'expriment par un regard ciblé, une poignée de main confiante et la fameuse "poker face". Ainsi, tout le monde peut tirer des conclusions sans avoir besoin de mots. Nous connaissons cela par l'introspection, la gestuelle et l'observation. Les signaux conscients sont toujours ciblés et veulent susciter une réaction ou un projet, que ce soit lors d'un entretien d'embauche, d'un licenciement ou d'une

conférence. Le face-à-face en version non verbale -
c'est ainsi que se font les affaires dans la vie
professionnelle. Il suffit de ne pas trop laisser les
signaux du corps s'échapper, sinon nous exposons
impitoyablement nos sentiments et nos pensées. Un
observateur averti peut lire en nous mieux que nous ne
le souhaitons. C'est pourquoi il est important de ne
jamais se laisser piéger lors de négociations ou de
disputes. Mettez-vous en scène de manière
professionnelle, en vous donnant à fond.

LES RÈGLES D'OR DU LANGAGE CORPOREL

Où que nous soyons, la communication non verbale
nous accompagne, où que nous allions et où que nous
soyons. Il arrive qu'elle exprime le contraire de ce que
nous disons. C'est pourquoi elle est au centre de
l'attention et plus importante qu'on ne le pense. Nous
envoyons des signaux et nous nous exprimons sans
aucun mot. Vous trouverez ci-dessous les règles d'or
pour un meilleur échange non verbal, qui peut vous
aider à réussir.

Pauvre

Qu'est-ce que les bras ont à dire, dans quelle position et quelle attitude ? Le fait de croiser les bras sur la poitrine signale plutôt une attitude défensive ou de protection. Ils apparaissent ainsi comme une barrière. En revanche, si vous croisez les bras derrière la tête ou si vos mains sont croisées derrière la nuque et que vos coudes sont délibérément tendus vers l'extérieur, cela signifie que "je suis le chef de file de ce groupe et que je déborde de confiance en moi". Il existe également une autre variante des coudes, car s'ils sont dirigés vers l'interlocuteur, cela signifie tout simplement qu'il ne doit pas s'approcher trop près.

Contact avec les yeux

Regarder de manière détendue et ne pas fixer son interlocuteur, tout en gardant un œil sur lui, voilà ce qui constitue la communication non verbale. Il est toutefois important de pouvoir regarder son interlocuteur dans les yeux. Sinon, vous aurez l'air de manquer d'assurance et de vous sentir gêné.

Distance

Ne vous mettez pas sur le dos de qui que ce soit et offrez la bulle spatiale à vous-même et aux autres. Nous vivons tous inconsciemment avec. Sinon, nous entrons dans l'espace personnel de l'autre. La règle d'or est la suivante : une longueur de bras tendue suffit et permet de garder la distance individuelle nécessaire. Si l'on est trop proche, on se défend.

Poignée de main

Le premier contact physique entre deux personnes n'est pas le baiser, non, dans le monde des affaires, c'est la poignée de main. Ce n'est pas banal, car cela en dit plus que mille mots. Cela semble si simple, mais ça ne l'est pas. Comment serrer correctement la main sans paraître lourd ou peu sûr de soi ? Il est important de trouver le juste milieu, d'exercer une pression brève et forte et, s'il vous plaît, pas trop longtemps. Vous ne voulez pas vous réchauffer mutuellement les mains. N'attrapez pas non plus toute la main, mais seulement la partie avant jusqu'aux doigts et n'oubliez pas que trois secousses suffisent amplement. Et ne le faites pas avec un tempérament exubérant.

Mains

Les mains permettent de déterminer rapidement à qui l'on a affaire. Une personne ouverte ne ferme pas ses mains. Les doigts ne sont pas croisés, car la personne est ouverte à la discussion et à la nouveauté. En revanche, si les mains sont fermées, les armes non verbales entrent en action, ce qui témoigne à nouveau d'un comportement défensif. Si une personne réfléchit, le bout des doigts des deux mains se joignent doucement.

Posture du corps

N'entrez pas dans une pièce en vous courbant, mais marchez droit. Cela ne doit pas paraître prétentieux, cela montre une certaine présence. Cette posture témoigne de votre fermeté et apporte de l'assurance. Restez calme et serein et ne montrez pas de gestes frénétiques ou excités. Un caractère calme apporte un effet apaisant.

Sourire

Lorsque vous entrez dans une pièce, que ce soit pour une réunion ou une présentation, commencez par vous positionner. Souriez de manière détendue à l'assemblée et laissez-vous envahir par la situation. Un sourire convainc et stimule la sympathie des autres.

Langage corporel et PNL

Le concept significatif, la programmation neurolinguistique, assure le changement et la communication qui en découle. La neurolinguistique : le cerveau et le langage servent de moyen efficace et sont étroitement liés au langage corporel. C'est ainsi que les gens réagissent, car nous aspirons en principe à un système de guidage. Tout le monde a besoin d'un "loup de tête", et vous aussi. Grâce aux informations dont il dispose, un être humain fonctionne presque parfaitement et prend les bonnes décisions.

SYMPATHIE

La sympathie permet d'aller loin, la porte est ouverte et c'est précisément ce que vous devriez utiliser pour la manipulation. Ces règles valent de l'or et permettent à la manipulation de fonctionner pour elle-même, car celui qui a confiance ne trouvera pas la manipulation désagréable. Bien au contraire, il se sentira flatté.

Les règles d'or de la sympathie
Règle n°1 Vous maintenez le contact visuel sans fixer l'autre et vous souriez habilement. Cela donne une impression d'ouverture.

Règle n° 2 Signalez votre attention pour adopter discrètement le langage corporel de votre interlocuteur. Cela pourrait être compris par votre interlocuteur comme : "Je suis comme vous, je vous écoute et je vous crois".

Règle n° 3 Appelez régulièrement votre interlocuteur par son prénom, car soyons honnêtes : nous aimons entendre notre nom. Vous aussi.

Règle n° 4 Donnez toujours un avis honnête et montrez l'exemple dans notre société.

Règle n° 5 Soyez poli et aimable, proposez des boissons et parlez peu. Vous réduirez ainsi la tension et la nervosité de la situation (nouvelle).

Règle n° 6 Faire preuve d'empathie, c'est-à-dire de compassion, et utiliser sa capacité à comprendre la situation et les émotions d'autrui permet d'instaurer une grande confiance.

Règle no 7 Cherchez des points communs. Il peut s'agir de centres d'intérêt ou de loisirs, ce qui permet également d'établir une relation de confiance.

Le pouvoir de la psyché

Souvent, cela commence par un sourire innocent et la manipulation suit son cours. Nous sommes soumis à de nombreux mécanismes et cela commence par nos sentiments, nos pensées, nos émotions et notre comportement. Êtes-vous une personne ambitieuse et qui sait ce qu'elle veut ? Alors votre psychisme est fort, vous êtes équilibré et capable de prendre des décisions. Tout le monde ne peut pas en dire autant, mais vous en faites partie. Vous savez manipuler les gens et vous utilisez le capital sympathie en vous, votre sympathie, qui rend immédiatement votre interlocuteur positif.

C'est votre instinct et votre psychisme qui vous guide. Votre psychisme travaille donc main dans la main avec vous et vous élaborez très habilement certaines stratégies de manipulation. Mais comment faire pour que les autres fassent ce que vous voulez ? C'est très simple : par la manipulation. Le simple fait de féliciter quelqu'un peut cacher une manipulation cachée. Vous dites à votre collaborateur que vous ne voyez que lui derrière le projet. Il est flatté et se lance immédiatement. En réalité, vous souhaitez que le projet se déroule le plus rapidement possible.

Saviez-vous que même la bouderie est une stratégie de manipulation ? Elle l'est et n'apporte pas seulement un sentiment négatif, car la bouderie vise également à obtenir quelque chose. Les enfants savent très bien le faire, et même les adultes n'ont pas perdu l'habitude de bouder. Par conséquent, si vous faites la moue, c'est que vous avez quelque chose à dire, et vous ne tomberez pas dans le panneau. D'une part, nous manipulons, d'autre part, nous communiquons. Il s'agit en partie d'une lutte cachée avec des moyens déloyaux. Mais celui qui exprime la plus grande force de persuasion gagne. Réfléchissez très attentivement à votre façon d'agir dans la vie et aux moyens que vous utilisez pour vaincre. La manipulation a le même pouvoir que votre psychisme, car c'est lui qui vous guide et vous dirige principalement. Notre psychisme peut ressentir, penser, percevoir et faire une prophétie auto-réalisatrice. Elle est le reflet de notre comportement.

Qu'il s'agisse d'informations, d'événements complexes ou de stimuli individuels, votre ordinateur de bord a tout mémorisé avec précision. De même, il apprend à se familiariser avec la manipulation. Le cerveau perçoit et les effets émotionnels se produisent. Vous devez maîtriser votre mental lorsque vous manipulez, et pour certaines tactiques, vous devez avoir des nerfs d'acier. Votre perception aiguë vous permet de mieux cerner votre environnement, de lire les gens et de les évaluer au mieux. C'est exactement ce que vous possédez. Ces atouts sont très utiles dans votre vie professionnelle et privée.

C'est là qu'intervient un autre auxiliaire de votre psychisme : le ressenti. Les émotions et les sensations sont les guides de votre vie. Saviez-vous que nous ressentions déjà avant de pouvoir penser ? Cela commençait déjà dans le ventre de notre mère et ce sentiment s'apparente à un instinct primaire. Elle constitue notre guide et indique nos besoins : La faim, la soif, le sommeil, la chaleur, l'amour, la sécurité et l'attention. Notre confiance primaire s'est développée avec nous. Si vous avez vous-même une forte personnalité, vous disposez d'un tampon émotionnel. Celui-ci est à son tour mis en œuvre dans la manipulation qui, comme un sourire, peut vous ouvrir la porte. Celui qui revendique la manipulation doit ne faire qu'un avec sa psyché. C'est pourquoi ce thème a été abordé et intégré dans ce livre. Les personnes fragiles ne considéreront jamais la manipulation comme un outil de pouvoir. Cela leur fait plutôt peur, ils évitent ces capacités purement humaines et préfèrent être manipulés plutôt que de voir la manipulation comme un moyen d'arriver à leurs fins. Notre monde mental est donc notre propriété ; nous n'aimons pas que l'on s'intéresse à notre monde émotionnel.

Ceux qui manipulent les ont de toute façon verrouillées et agissent de manière purement efficace, spéculative et également manipulatrice. Une grande partie de cela, comme le fait de ressentir, fait partie de nos racines évolutionnaires et celles-ci expriment également nos désirs, nos aspirations et nos besoins. Pourtant, vous maîtrisez toutes ces caractéristiques évolutives sans sourciller. Comme vous pouvez le constater, notre cerveau accomplit un travail non négligeable, jour après jour. Tout est stocké et accessible à tout moment. Si nous ajoutons à cela la manipulation, nous pouvons diriger les gens sans qu'ils le ressentent comme une manipulation. C'est un avantage et une compétence en soi.

Notre comportement, qui implique d'agir ou de ne pas agir en tant que modèle de comportement, est la cerise sur le gâteau de notre personnalité. Nous entrons en contact avec notre comportement et avec le monde extérieur. Nous nous communiquons, nous échangeons des opinions et des intérêts et nous sommes communicatifs à tout moment. Notre cerveau, c'est-à-dire le pouvoir de la pensée, est également soumis au système de récompense qui va de pair avec le neurotransmetteur dopamine. Il est bien connu que notre hormone du bonheur nous rend heureux et joyeux. C'est précisément ce tampon dont nous avons besoin pour nous concentrer sur notre travail et pour être performants.

De même, la manipulation en nécessite une partie. Vous voulez agir en tant que personne sympathique afin d'appeler ce succès le vôtre. Cette libération d'hormones est donc un avantage pour vous et vous faites de cet événement purement naturel un avantage pour vous. Nous vivons donc avec le centre de la peur, les protagonistes émotionnels et le système de récompense, ce qui constitue notre modèle de comportement. Nous n'agissons pas toujours selon notre libre arbitre, même dans le cas de la manipulation, mais nous nous soumettons à nos pensées et à notre modèle de comportement. Comme vous pouvez le constater, la manipulation ne peut remplir qu'une partie de ses fonctions ; le reste est assuré par le psychisme, car c'est lui qui a le pouvoir sur nous.

Bonus : Journal de l'état d'esprit

Maintenant que vous avez appris en détail les bases de la pensée positive, vous trouverez dans les pages suivantes des instructions et des exercices pour mettre ces connaissances en pratique.

Le journal de l'état d'esprit vous offre en outre la possibilité d'exprimer votre créativité et de laisser libre cours à vos pensées sur un papier sans valeur - pour ensuite les examiner et les évaluer. Transformez immédiatement ce que vous avez appris en actions pratiques et changez vous-même et votre façon de penser de manière positive !

Atteindre le bonheur en 14 jours : Dans ce chapitre, vous vous réservez un certain temps chaque jour pour accomplir différentes tâches ou réfléchir à des idées. Commencez par lire la tâche, puis consacrez jusqu'à 30 minutes à la réaliser.

Ensuite, vous écrivez dans votre journal de l'état d'esprit ce qu'a été votre expérience. Il s'agit de remplir chaque jour au moins trois pages avec vos pensées pendant une période d'au moins 14 jours. Vous pouvez soit laisser vos pensées s'écouler librement sur les pages, soit vous inspirer des tâches proposées. Faites-le en fonction de votre humeur du jour. Parfois, notre esprit veut juste lâcher du lest, parfois il se réjouit d'une nouvelle source de réflexion. La plupart des suggestions des pages suivantes vous surprendront peut-être par leur simplicité. Mais plus vous pratiquerez avec rigueur les rituels proposés et y réfléchirez ensuite dans votre journal personnel, plus vous ressentirez les progrès. Ce sont souvent les petits plaisirs que vous négligez ou même que vous vous refusez inconsciemment dans l'ivresse de la vie quotidienne.

Jour 1 : Être PRÉSENT dans l'ici et maintenant (méditation)

Prenez 15 à 30 minutes pour faire une méditation suivie d'une note dans votre journal. Quelles sont les pensées que vous avez laissées passer pendant la méditation ? D'où venaient-elles ? Qu'avez-vous ressenti en ne leur accordant aucune importance ?

Jour 2 : Affiche de votre zone de confort

Dessinez un cercle sur une affiche au format A3. Inscrivez dans le cercle les choses que vous aimez faire et qui vous mettent à l'aise. Ensuite, écrivez autour du cercle les choses qui se trouvent en dehors de votre zone de confort. Plus elles sont éloignées du centre, moins vous vous sentez à l'aise pour les faire. Cet exercice ne peut fonctionner que si vous êtes honnête avec vous-même. Si vous avez rempli consciencieusement le poster, cet aperçu vous fournira un guide clair des choses que vous pouvez réaliser au cours des prochains mois et des prochaines années. Travaillez à partir du centre de votre zone de confort, étape par étape, vers les zones périphériques, en faisant exactement ces choses.

Jour 3 : Une carte mentale ...

... de vos traits de caractère. Réfléchissez à cette question : Qu'est-ce qui vous rend brillant ? Créez un autre poster ou écrivez en gros caractères dans votre journal ce qui fait votre force. Chaque fois que vous regardez ces affiches, votre subconscient se souvient de tout ce que vous pouvez faire. Ainsi, les pensées négatives et le doute de soi n'ont plus leur place.

Jour 4 : Rituels personnels de bien-être

Mettez en place des rituels pour vous sentir bien dans votre peau, même s'il ne s'agit que de quelques instants de bonheur sans surveillance. Ces moments pour vous comptent. Il peut s'agir de votre chanson préférée sur laquelle vous dansez à plein volume, ou de quinze minutes par jour passées à lire l'un des livres primés que vous avez toujours voulu lire. C'est peut-être aussi le moment de faire "rien" en silence (si cela est possible avec le cerveau humain lorsqu'il n'est pas entraîné). Choyez vos sens. Allumez quelques bougies ou un diffuseur d'huiles essentielles. Des bâtonnets d'encens peuvent également faire des merveilles.

Jour 5 : Mettez-vous à la terre

Passez du temps dans la nature. Mettez-vous à la terre. Faites du jardinage ou promenez-vous avec vos chiens ou votre famille et vos amis. Nous vivons tellement dans nos pensées que nous oublions souvent de nous connecter au monde qui nous entoure. Rappelez-vous que vous en faites partie.

Jour 6 : Pratiquer activement la gratitude

Prenez un moment pour être tranquille, respirez simplement et profitez de votre environnement, de préférence sur une pelouse. Veuillez maintenant fermer les yeux et prendre 1 ou 2 respirations profondes. Prenez conscience du sentiment de gratitude d'être en vie. Soyez reconnaissant pour tous les individus qui vous entourent, après tout, ils sont tous une expression de l'amour dans ce monde - tout comme vous.

Jour 7 : Méditation de pleine conscience

Prévoyez aujourd'hui au moins 15 minutes, mais de préférence 30 minutes, pour faire une méditation de pleine conscience. Installez-vous confortablement dans votre endroit préféré pour méditer et augmentez votre attention et votre conscience. Comment vous sentez-vous en ce moment, à cet instant précis ? Pourquoi cela ? Que pouvez-vous changer ou améliorer ?

Jour 8 : Faites preuve de compassion envers vous-même et les autres

Soyez doux avec vous-même (et par conséquent avec les autres). Faites preuve de compréhension et de compassion envers vous-même. Ne soyez pas trop dur avec vous-même. Par exemple, le matin, versez-vous un café et asseyez-vous au soleil. Vous verrez la différence que cela fait sur le déroulement de votre journée si vous vous accordez quelques minutes de repos chaque jour.

Jour 9 : Pratiquer activement l'amour de soi

Donnez-vous un peu plus d'amour aujourd'hui que d'habitude. Rangez, prenez un bain chaud ou enfilez une belle tenue. Nettoyez votre maison. Installez-vous confortablement le soir. Un aspect important de l'amour de soi est de se reposer et de se ressourcer suffisamment. Dormez suffisamment. Parfois, nous ne nous rendons même pas compte que nous nous épuisons, ne serait-ce qu'avec des pensées malsaines. Accordez à votre corps le repos dont il a besoin. Les heures de sommeil nécessaires à la récupération varient d'une personne à l'autre et dépendent également de votre situation actuelle. Ne vous inquiétez donc pas si vous n'avez pas mis le réveil un jour où vous ne travaillez pas et dormez tranquillement quelques heures de plus. Vous en aviez manifestement besoin dans ce cas.

Jour 10 : Ne pas penser, mais agir

Soyez actif et sortez de votre PROPRE TÊTE. Accomplissez vos tâches habituelles avec une attention particulière aujourd'hui. Arrachez les mauvaises herbes, nourrissez vos animaux domestiques ou discutez avec une personne âgée du voisinage.

Jour 11 : Temps d'être et de créativité

Prenez du temps pour vous. Restez à l'écart du gouffre sans fond et destructeur d'âme que peuvent être les médias sociaux lorsque vous vous sentez déprimé. Vous devez seulement laisser ces médias travailler pour vous, jamais contre vous. Faites preuve de créativité. Par exemple, si vous avez fait un rêve particulièrement émouvant ou une rencontre intense, laissez cette étincelle d'énergie que vous ressentez guider votre main, qu'il s'agisse d'une bonne ou d'une mauvaise expérience. (En fait, l'énergie négative peut parfois être un plus grand catalyseur créatif que l'énergie de la paix, de la joie et du gâteau d'œuf). Nos rêves ne sont essentiellement que des histoires créatives inventées par notre subconscient. Prenez un pinceau ou un stylo et du papier. Transformez vos

sensations en une manifestation de votre profondeur
et de votre créativité.

Jour 12 : La musique guérit l'âme

Jouez vos chansons préférées. Laissez la musique
apaiser votre âme. Chantez à tue-tête et dansez aussi
librement que si vous étiez seul au monde. Vous
pouvez également créer une liste de lecture avec les
chansons préférées de chaque épisode de votre vie. Ou
peut-être avez-vous un vieux CD ou un vieux disque
que vous n'avez pas mis depuis des années. La musique
vous va droit au cœur. Laissez-la vous guérir et vous
porter.

Jour 13 : Embellir votre maison

Décorez et personnalisez votre maison aujourd'hui.
Cueillez de jolies fleurs à l'extérieur ou achetez un
tournesol pour égayer votre espace. Cela sert à créer
un cadre de vie qui vous aide parfaitement à répondre
à vos besoins individuels. De quoi avez-vous vraiment
besoin pour vous sentir comme une personne à part
entière ? Est-ce un jardin dans lequel vous pouvez
creuser et planter des légumes et des fleurs ? Ou un
studio d'art ; un endroit avec beaucoup de lumière, d'air
frais et d'espace ; quel type de couleurs aimez-vous ;
aimez-vous les meubles en bois ou peut-être un lit

massif et moelleux dans lequel vous pouvez vous enfoncer la nuit ? Vous méritez un endroit où vous pouvez réaliser votre plein potentiel. Cela ne signifie pas que la conception doit coûter cher, pas du tout. Votre maison doit simplement répondre à vos besoins et exigences individuels pour un foyer chaleureux et accueillant.

Jour 14 : Remerciez-vous pour votre dévouement

Toutes nos félicitations ! Vous avez suivi le programme de quatorze jours avec engagement et persévérance.

Questions auxquelles vous pouvez répondre aujourd'hui dans votre journal : Qu'est-ce qui a été particulièrement difficile pour vous au cours des 14 jours et comment avez-vous surmonté l'obstacle ? Dans quel domaine avez-vous le plus progressé grâce à la formation ? De quelles compétences nouvellement acquises ou renforcées êtes-vous particulièrement fier ? Quelle a été votre meilleure expérience au cours des deux dernières semaines ? Si vous le souhaitez, vous pouvez conserver la routine d'écriture quotidienne que vous avez si soigneusement maintenue au cours des deux dernières semaines. Plus vous passez de temps à vous interroger sur ce que vous avez de plus intime, plus vous apprenez à vous connaître. Et c'est la base de votre bonheur personnel, de votre satisfaction et de votre épanouissement à long terme. Je vous souhaite de continuer à vous amuser sur votre chemin et tout le bonheur du monde.